# BEI GRIN MACHT SICH WISSEN BEZAHLT

Kai Subel, Michel Schultz

# Integration von RFID in die IT-Landschaft

GRIN Verlag

**Bibliografische Information der Deutschen Nationalbibliothek:**

Die Deutsche Bibliothek verzeichnet diese Publikation in der Deutschen National-
bibliografie; detaillierte bibliografische Daten sind im Internet über http://dnb.d-
nb.de/ abrufbar.

**Impressum:**

Copyright © 2009 GRIN Verlag GmbH
Druck und Bindung: Books on Demand GmbH, Norderstedt Germany
ISBN: 978-3-640-73320-0

**Dieses Buch bei GRIN:**

http://www.grin.com/de/e-book/160209/integration-von-rfid-in-die-it-landschaft

**GRIN - Your knowledge has value**

Der GRIN Verlag publiziert seit 1998 wissenschaftliche Arbeiten von Studenten, Hochschullehrern und anderen Akademikern als eBook und gedrucktes Buch. Die Verlagswebsite www.grin.com ist die ideale Plattform zur Veröffentlichung von Hausarbeiten, Abschlussarbeiten, wissenschaftlichen Aufsätzen, Dissertationen und Fachbüchern.

**Besuchen Sie uns im Internet:**

http://www.grin.com/

http://www.facebook.com/grincom

http://www.twitter.com/grin_com

# Integration von RFID in die betriebliche IT-Landschaft

Kai Subel, Michel Schultz

**Abstract:** Unser Thema befasst sich mit der Integration von RFID-Technologie in die betriebliche IT-Landschaft. Unser Ziel ist es, dem Leser einen möglichst aktuellen und realitätsnahen Einblick zu diesem Thema zu verschaffen. Zunächst werden dem Leser der Aufbau und die Funktionsweise von RFID-Technologie erklärt damit dieser die folgenden Erläuterungen und Beispiele auch technisch nachvollziehen kann. Anschließend soll anhand verschiedener Überlegungen der genau Umfang einer RFID-Integration analysiert werden. Hierbei werden die verschiedenen Bereich, die bei einem solchen Prozess betroffen werden genannt und die jeweiligen Auswirkungen analysiert. Wir haben hierbei die Prozesskette in 3 Ebenen unterteilt auf die sich eine solche Integration auswirkt:

1. Infrastrukturebene - stellt die benötigte Hardware da

2. Integrationsebene - Datenaufbereitung und Weiterleitung an die Anwendungssysteme

3. Applikationsebene - Datenverarbeitung- und Weitergabe

Diese teils theoretischen Überlegungen werden dann anhand einiger Praxisbeispiele verdeutlicht. Dabei werden einige Themenbereiche wie zum Beispiel die Tieridentifikation oder den öffentliche Nahverkehr nur grob beschrieben mit dem detaillierten Beispiel der Einführung der RFID-Technologie im Metro Future Store wird andererseits aber auch ein sehr umfangreicher Einblick geschaffen. Jede Technologie bietet dem Anwender und dessen Umwelt nicht nur Vorteile. Daher beschäftigt sich unser nächster Gliederungspunkt mit den Risiken und Gefahren, die sich hinter RFID verbergen. Dazu gehören Aspekte wie

- Datenschutz
- Ghost Reads
- Einsatzgebiete

Am Ende unserer Ausarbeitung werden in einem Résumé die sich aus unseren bisherigen Überlegungen ergebenen Vor- und Nachteile mit einander verglichen und das Fazit dieser Arbeit gezogen.

# Inhaltsverzeichnis

# 1 Ausblick auf die RFID-Technik

## 1.1 Idee eines RFID-Systems

Bei einem RFID-System (Radio Frequency Identification), welches übersetzt soviel wie Funkerkennung bedeutet, geht es darum, Daten ohne Berührungs- oder Sichtkontakt lesen und schreiben zu können.

## 1.2 Aufbau eines RFID-Systems

Ein RFID-System besteht aus 3 Komponenten. Ein Transponder, der an dem Gerät welches identifiziert werden soll angebracht ist, wobei es dabei irrelevant ist ob es sich um ein Kleidungsstück, Auto oder Plakat handelt. Desweiteren wird eine Funkfrequenz benötigt, mit der die Daten übertragen werden können und ggf. Strom für einen passiven Transponder geliefert werden kann. Das letzte Element umfasst ein Lese- bzw. Schreibgerät mit dem Daten von einem Transponder gelesen bzw. geschrieben werden können. Die zwei verschiedenen Arten von Transpondern gliedern sich in aktive- und passive Transponder auf, bei denen die Unterschiede in der Stromversorgung, Leistungsfähigkeit, Reichweite und Preis liegen. Aktive Transponder benötigen eine explizite Stromquelle, wobei passive Transponder den Strom von der Frequenz bzw. aufgebautem Magnetfeld bekommen. Zudem haben die aktiven Transponder eine deutlich höhere Lesegeschwindigkeit und Speicherplatz. Auch die Reichweite und der Preis sind bei den aktiven- deutlich höher als bei den passiven Transpondern. Desweiteren unterscheiden sich die Transponder in ihrer Antenne, die je nach Anwendungsgebiet stärker oder schwächer ausfällt und nach ggf. vorhandenen Sensoren, die beispielsweise in der Lage sind die Umgebungstemperatur zu messen. Bei den Lese- bzw. Schreibgeräten unterscheidet man zwischen stationären- und mobilen Geräten, wobei die stationären Gerate eine serielle Verbindung zu einer sog. Edgeware herstellen und mobile Geräte die Kommunikation über WLAN oder UMTS ermöglichen. [WP08]

## 1.3 Funktionsweise eines RFID-Systems

Die Kommunikation zwischen Lese- bzw. Schreibgerät und dem Transponder wird über das elektromagnetische Feld, welches vom Lese- bzw. Schreibgerät ausgeht, gesteuert. Die Antenne des Transponders empfängt das elektromagnetische Feld und leitet dies an den Mikrochip weiter, welcher dann die Verarbeitung des Befehls übernimmt. Der Transponder wiederum sendet seine Antwort, indem er das elektromagnetische Feld verändert. Diese Veränderung wird vom Lese- bzw. Schreibgerät wahrgenommen, interpretiert und an die Middleware weitergegeben, die wiederum die Aufgabe hat, eine Verbindung der RFID-Hardware mit z. B. einem Warenwirtschaftssystem zu ermöglichen.

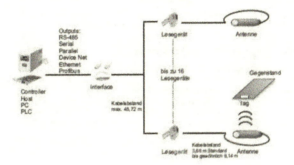

Abbildung 1: RFID-Komponentenbeispiel

## 2 Integration von RFID in das Unternehmen

Bevor ein Unternehmen eine Technologie wie RFID für den eigenen Geschäftsalltag nutzen kann, müssen zunächst auf unterschiedlichen Ebenen einige Integrationsmaßnahmen durchgeführt werden.

### 2.1 Infrastrukturebene

Die erste Ebene bildet die Hardware die für die Einführung benötigt wird. Hierzu gehören die Transponderlabels welche an den physischen Güter (Verkaufsartikel, Autoteile etc.) angebracht werden müssen. Außerdem werden zum anschließenden Auslesen der Daten noch entsprechende Lesegeräte benötigt. [TG06]

Abgesehen von den hohen Kosten, die folglich eine Umstellung mit sich bringt, gibt es auch noch weitere Probleme, die sich dem Anwender stellen.

#### 2.1.1 Standards der Transpondertechnologie

Im Laufe der Jahre haben verschiedene Unternehmen unterschiedliche Wege zur Kommunikation der Transponderlabels mit den Lesegeräten entwickelt. Diese Unterscheiden sich zum einen in den Bereichen der Senderfrequenz welche sich in vier Bereiche unterteilen als auch in den jeweils verwendeten Protokollen. Die unterschiedlichen Frequenzen haben jeweils andere Eigenschaften -vor allem in Bezug auf die Lesereichweite und die Lesegeschwindigkeit. Diese steigen beide, je höher die gewählte Frequenz ist. Mögliche Anwendungsbereiche sind folgende:

| RFID-FREQUENZ | ANWENDUNGSBEREICH | REICHWEITE |
|---|---|---|
| Niederfrequenz (LF) 100-135 KHz | Produktionskontrolle Automatisierung | 1- 1,5 Meter |
| | Kfz-Wegfahrsperre | Einige Zentimeter |
| Hochfrequenz (HF) 13,56 MHz | Handelsgüter(Einzelprodukte) | 1- 1,5 Meter |
| | Ticketing | 10 Zentimeter + Security |
| Ultrahochfrequenz (UHF) 865-956 MHz | Palettenidentifikation | 3-4 Meter Europa, 7 Meter USA |
| Mikrowelle (MW) 2,4/5,8 GHz | Containeridentifikation Produktionskontrolle | Bis zu mehreren hundert Metern |

Tabelle 1: RFID Standards

Damit die RFID Systeme auch weltweit untereinander kompatibel sind, gibt es eine Vielzahl von Standardisierungsbemühungen, die auf eine Normung der verwendeten Kommunikationstechniken zwischen Lesegeräten und Transponderlabels abzielen. Das hier noch großer Nachholungsbedarf besteht zeigt auch das folgende Beispiel: So ähnelten sich zwar schon viele in der Vergangenheit entworfene Protokolle jedoch waren diese trotzdem meistens untereinander (zum Teil nicht einmal innerhalb der selben Protkollfamilie) inkompatible. Die eingeführte Norm ISO 18000, welche Protokolle für alle vier Frequenzbereiche vorgibt, sollte hier für eine Verbesserung sorgen -jedoch gibt sie beispielsweise für das UHF - Protokoll die zwei Betriebsmodi Modus1 und Modus 2 vor welche untereinander leider inoperabel sind. [TG06]

Die Bemühungen, einheitliche Normierungen zu schaffen gingen vor allem vom Joint Technical Committee 1 (JTC1) der International Electrotechnical Commission (IEC) der International Standards Organisation (ISO) und vom Auto-ID Center beziehungsweise dessen Nachfolger, dem EPCglobal aus.

weitere Beispiele für Normierungen welche Frequenzen werden am meisten genutzt?

### 2.1.2 Infrastruktur der Hardware

Da es beim Lesen der Daten vom RFID Tag häufig zu Störeinflüssen wie geringe Leserate, elektromagnetische Reflexion, Ghost Reads o.ä. kommen kann (insbesondere beim Pulklesen) werden die empfangenen Rohdaten meist noch einer Bereinigung unterzogen. Hierfür ist sogenannte Middleware zuständig.

## 2.2 Integrationsebene

Auf dieser Ebene geht es darum, die Daten, welche mittels der Lesegeräte von den Transponderlabels erfasst werden ordentlich aufzubereiten und an die entsprechenden Anwendungssysteme weiter zu leiten.

### 2.2.1 Transfer der Daten vom Lesegerät

Dieser Vorgang der Datenübertragung geschieht meist mittels einer serieller Schnittstelle oder über eine TCP-Verbindung.

### 2.2.2 Die Middleware und ihre Aufgabe

Die Lesegeräte, welche die Informationen von den Transponderlabels empfangen, verarbeiten diese nicht weiter, sodass direkt gekoppelte Anwendungssysteme mit einer Vielzahl von Daten überhäuft werden könnten. Deshalb haben viele Unternehmen eine sogenannte Middleware integriert welche die Brücke von der RFID Hardware zu den Anwendungssystemen bildet. Ihre Aufgabe ist es, die vom Lesegerät empfangenen Daten für das jeweilige

Anwendungssystem aufzubereiten.

## 2.2.3 Die Auto-ID Infrastructure

Ein Beispiel für eine eigenständige Entwicklung einer Middelware ist die von SAP entworfene Auto-ID Infrastrucutre (AII).

## 2.3 Applikationsebene

Die Applikationsebene befasst sich zunächst mit der Verarbeitung der empfangenen Daten. Anschließend können diese an weitere Systeme innerhalb und außerhalb des Unternehmens zum Informationsaustausch gesendet werden. RFID ist einer der möglichen Nachfolger des Barcodes. Aufgrund der Tatsache, dass man jederzeit die RFID-Tags auslesen kann, ergeben sich jedoch auch viele andere Einsatzmöglichkeiten als nur die Datenerfassung.

### 2.3.1 Innerbetriebliche Integration

Zum Beispiel ist bei RFID jedes Objekt eindeutig zu identifizieren. Bei der Barcode-Technologie jedoch werden die einzelnen Objekte zu Produkttypen zusammengefasst und die dazugehörige Anzahl erfasst. Bei einer Umstellung auf RFID wäre somit auch eine Anpassung des Barcode-basierten Datenmodells erforderlich. Außerdem können, sofern an den benötigten Stellen genügend Lesegerte installiert sind, immer die aktuellen Lagerbestände und der Lagerort erfasst und abgefragt werden. Hierdurch wäre eine besser Datenversorgung einiger Geschäftsprozesse, die diese Informationen benötigen möglich.

### 2.3.2 Überbetriebliche Integration

Der Einsatz von RFID macht nicht nur innerbetrieblich Sinn -auch bei der Einbindung der Lieferanten bieten sich neue Möglichkeiten.

Wareneingänge und Warenausgänge können viel schneller überprüft werden. Hierfür benötigt der Empfänger lediglich ein elektronisches Liefer-Avis mit Hilfe dessen er schnell die ankommende Lieferung vergleichen kann.

Im Bereich der Premiumprodukte wird RFID primär dafür eingesetzt um Fälschungen und Graumarkthandel aufzudecken. Dies ist durch die eindeutige Identifikationsnummer die jedes Produkt durch das elektronisch Etikett erhält gewährleistet. Wenn eine Lieferung eingelesen wird, kann so also schnell überprüft werden, ob es sich um Originalprodukte handelt und der Lieferweg korrekt eingehalten wurde.

Das EPC Network (EPC = Electronic Produkt Code) bietet einen solchen Ansatz bei dem überbetrieblich die Überwachung und Verfolgung von Produkten über die gesamte Lieferkette hinweg ermöglicht werden soll.

# 3 Integrationsbeispiele

Die Anfänge der RFID Technologie liegen in den 1960er Jahren. Jedoch gab es die ersten größeren Implementierungen erst vor etwas mehr als 20 Jahren. Seitdem wurde die Entwicklung immer weiter voran getrieben, sodass RFID mittlerweile bereits in vielen Branchen verwendet wird.

## 3.1 Tieridentifikation

Die Tieridentifikation ist einer der Pionierbereiche der RFID Technologie. Sie wird hier bereits seit mehr als 20 Jahren eingesetzt. So ist es beispielsweise möglich, mit RFID-Transpondern versehene Tiere in der Lebensmittelindustrie eindeutig zu identifizieren und eine lückenlose Rückverfolgung (seit dem 1.Januar 2005 gesetzl. vorgeschrieben) zu gewährleisten. Normen, die die Tieridentifikation regeln sollen sind die 1996 eingeführte ISO 11784 und die ISO 11785 sowie die ISO 14223 welche eine Weiterntwicklung dieser Normen für andere Transponder mit erweitertem Speicher darstellt.[CL06]

## 3.2 Logistik

Für den Logistikbereich ergibt sich ein vielfältiges Spektrum an Einsatzmöglichkeiten. So werden vor allem in Industrie Werkstücke mit RFID Tags versehen um sicher zu stellen, dass diese dann auch an der richtigen Maschine ankommen. Ein anderes Szenario wäre die Kofferabfertigung am Flughafen -hier kann RFID zur Optimierung der Verladevorgänge genutzt werden und helfen verlorene Gepäckstücke leichter aufzufinden.[HU07]

## 3.3 Handel

Der Handel setzt die RFID Technik vor allem im Bereich der Waren Ein- und Ausgänge ein. Hier können durch die Möglichkeit des Pulklesens die Waren schnell erfasst und überprüft werden. Außerdem können beispielsweise Nachfüllprozesse im Supermarkt optimaler gesteuert werden wenn alle Artikel mit Tags versehen sind und somit die aktuellen Lagerbestände bekannt sind.[TG06]

## 3.4 Pharmaindustrie

Im Bereich der Pharma Industrie werden RFID Tags hauptsächlich eingesetzt um den Patienten vor gefährlichen Plagiaten zu schützen. So versieht Beispielsweise der Pharmaproduzent GlaxoSmithKline seine Flaschen mit dem HIV-Medikament Trizivir mit passiven

## 3.5  Öffentlicher Nahverkehr

Der Öffentliche Nahverkehr setzt RFID zum Beispiel für die Ticketverrechnung ein. In Hanau kann sich jeder Bürger ein RFID Ticket kaufen welches er bei einer Fahrt einfach an die im Bus installierte RFID Leseeinheit hält. Diese Daten werden gesammelt und der Kunde erhält am Monatsende eine Sammelrechnung für die durchgeführten Fahrten. [RiöN]

## 3.6  Sport

RFID Tags kommen auch immer häufiger beim Sport zum Einsatz. Bei großen Marathon Veranstaltungen bekommt jeder Teilnehmer eine Startnummer welche mit einem RFID Tag versehen ist. Beim Start und Zieleinlauf werden nun mittels einer im Boden installierten Leseeinheit alle Läufer registriert, die diese Linie passiert haben -so ist auch gewährleistet, dass für jeden Sportler die individuelle Laufzeit korrekt ermittelt wird. [Gr04]

## 3.7  Integrationsbeispiel

Ein gutes Praxisbeispiel für die Einführung von RFID-Technologie liefert die Metro Group. Sie hat im Nordrhein Westfälischen Rheinberg einen Metro Future Store eröffnet, in dem der Kunde den einen Einblick in die RFID-Praxis erhält. Alle im Supermarkt erhältlichen Waren wie zum Beispiel Fleischverpackungen, Frischkäse, Kleidungsstücke, DVD's, Videospiele oder Körperpflegeprodukte sind hier mit RFID Transpondern versehen. Mit Hilfe der anstelle der Kassen eingrichteten Leseeinhaeiten werden nach dem Einkauf alle Produkte erfasst und dem Kunden in Rechnung gestellt. Der eigentliche Vorteil der RFID-Technik im Metro Future Store liegt jedoch darin, dass der Komplette Warenbestand während des ganzen Transportweges genau verfolgt werden kann. Dieser beginnt schon im Zentrallager, in dem die RFID-Tags an den Produkten angebracht werden. Ab hier ist es möglich, die z. B. im Lastwagen transportierte Ware genau zu überwachen. Alle Artikeldaten, die sich im Lastwagen befinden, werden dazu erfasst und mit dem im System befindlichen Lieferauftrag verglichen. Stimmen die Daten überein wird die Lieferung freigegeben. Bei Ankunft im Metro Future Store geschieht diese Vollständigkeitsprüfung ein weiteres mal. Ist auch hier alles in Ordnung, wird die Lieferung angenommen. Die neue Ware wird in mit RFID-Lesegeräten ausgestatteten Lagerregalen einsortiert. Somit kann im System der genau Lagerbestand aller Artikel genau erfasst werden. Falsch einsortierte Waren können schnell ausfindig gemacht werden und für knapp werdende Artikel lassen sich schnell neue Bestellungen in Auftrag gegeben. Die Ladenregale sind ebenfalls mit

RFID-Lesegeräten ausgestattet. Hier kann also immer der genaue Artikelbestand erfasst und an das System weitergeleitet werden. Geht die Stückzahl eines Artikels unter eine bestimmt Grenze, so wird eine Warnung ausgegeben. Die Angestellten können darauf hin das entsprechende Produkt nachfüllen. Da auf den RFID-Transpondern auch Informationen über das Mindesthaltbarkeitsdatum enthalten sind, kann evtl. abgelaufene Ware sofort aus den Regalen genommen werden. Die von allen Unternehmen auszuführende und meist ziemlich zeit- und kostenaufwendige Inventur wäre durch die kontinuierliche Erfassung aller Artikel mit Hilfe der RFID-Technologie schnell durch einen Blick in die Bestands-datenbank erledigt.[MGFS]

# 4 Gefahren, Risiken und Probleme beim Einsatz von RFID im Unternehmen

## 4.1 Unternehmensbezogen

Viele Unternehmen sind bei dem Thema "RFID-Einsatz im Unternehmen" noch sehr "skeptisch", da die anstehenden Risiken sowie Kosten unklar sind. Somit sind bei dem Einsatz von RFID im Unternehmen viele Kriterien zu bedenken. Der Vorteil des Pulklesens von RFID kann auch ganz schnell ein Nachteil werden, denn es wird nicht sichergestellt, dass wirklich alle vorhandenen RFID-Tags gelesen wurden. Wenn ein Supermarkt also die RFID-Technik benutzen möchte und seine Produkte mit den Tags versieht, reicht es nicht aus, die Tags beim Ausgang nur einmal zu überprüfen. Werden zwei Magnetfelder eingesetzt und danach verglichen, minimiert man das Risiko eines Fehllesens zwar, jedoch scheidet es nicht aus, da ein Transponder, der eigentlich sehr unempfindlich ist, kaputt gegangen sein kann oder das Transponder die sich im Geld befinden nicht gelesen werden oder das welche, die sich nicht im Feld befinden gelesen werden, also sogenannte "Ghost Reads". Eintreten können diese Fehler durch Störungen in der Luftschnittstelle. Desweiteren müssen die Einsatzgebiete von RFID genau überlegt sein, denn jede Störung können die Lese- und Schreibzugriffe manipulieren und somit z. B. den Lagerbestand eines Unternehmens nicht mehr richtig messen. Besonders stärke Einflüsse auf die Magnetfeldtechnik nehmen Metall und Wasser die sich in unmittelbarer Nähe befinden. Außerdem kann es sein, dass sich die kostenintensive Umstellung auf die neue Technik nicht rentiert, da keine Akzeptanz gefunden wird. Denn wenn man bei dem oben genannten Beispiel eines Supermarktes bleibt, müssten die Lieferanten ebenfalls die RFID-Technik einsetzen, sodass beim Wareneingang sofort geprüft werden kann. Ist dies nicht der Fall, durch die Umstellung, die nicht nur neue Hard- und Software benötigt, sondern ggf. auch noch eine neue Schulung des Personals, wurde in die neue Technologie vergebens investiert. Daher bringt die Einführung der Technik viele Überlegungen mit sich, denn die Stromversorgung muss ebenfalls immer sicher gestellt sein, sowie eine Beschädigung der Transponder und Lese- bzw. Schreibgeräte. Ebenso muss zuvor geklärt werden, ob das vorhandene Informationssystem die aufkommende Datenflut der RFID-Technik überhaupt verarbeiten kann. Zusätzlich besteht das Problem, dass wie oben beschrieben Fehllesungen auftreten können und diese erst bemerkt werden können, wenn die Daten im Informationssystem angekommen sind. In den meisten Fällen ist eine Behebung des Fehlers leider schon zu spät. Ein weiterer interessanter Punkt ist, dass die Auswirkungen elektromagnetischer Strahlungen noch nicht genau erforscht worden und durch das Einsetzen der RFID-Technik der Elektrosmog deutlich erhöht werden würde. Hätte dies negative Einflüsse auf den menschlichen Körper, würde das ernsthafte Konsequenzen für ein Unternehmen haben, denn die Mitarbeiter würden ggf. öfter krank werden und/oder wenn diese die negativen Einflüsse in Erfahrung bringen würden das Unternehmen wechseln. [RJ08]

## 4.2 Mitarbeiter-/Kundenbezogen

Auch Mitarbeiter sowie Kunden sehen in dieser innovativen Technik noch eher die Nachteile als Vorteile. Das größte Bedenken ist die Datensicherheit. Bei dem oben genannten Supermarktbeispiel bekommt jeder Kunde eine Kundenkarte mit der die Bezahlung stattfindet. Das Problem hierbei ist, dass diese Karte mit jedem Lesegerät (vorausgesetzt es besitzt den gleichen Standard) ausgelesen und ggf. sogar verändert werden kann. Ebenfalls kann jederzeit nachverfolgt werden, was, wer, zu welcher Zeit, in welchen Mengen eingekauft hat. Desweiteren soll die RFID-Technik helfen Produktfälschungen zu erkennen indem ein RFID-Tag bei den originalen implementiert wird. Die Kunden sehen das Problem darin, dass dieser RFID-Tag nicht beim Kauf deaktiviert wird und somit Kunden spezifische Daten gewonnen werden können. Desweiteren können mit diesen gewonnen Daten Bewegungsprofile der Personen erstellt werden ohne dass diese etwas davon mitbekommen. Ein weiteres Problem stellt die Entsorgung von RFID-Transpondern da, da in den meisten Einzelhandelskette diese nicht wiederverwendet werden und somit nach geltenden Umweltvorschriften entsorgt werden müssen, sprich von den gekauften Artikel getrennt und als Sondermüll, da es sich um Ëlektroschrott"handelt, entsorgt werden. [HO04/1] [HO04/2] [HO03/3]

## 5 Vorteile beim Einsatz von RFID im Unternehmen

Den Nachteilen von RFID stehen auch sehr viele Vorteile gegenüber, die sehr viele Erleichterungen bringen. Unter anderem können durch RFID die Prozesse optimiert werden, durch z.b. eine automatisierte Steuerung des Lagereingangs. Desweiteren wird die Rückverfolgung der Produkte erleichtert, da jedem Tag eine eindeutige Nummer zugewiesen ist, welche zurück verfolgt werden kann. Außerdem bietet RFID eine deutliche Zeitersparnis im Gegensatz zum Barcodesystem, denn bei RFID muss kein Sichtkontakt vorhanden sein, um z.b. ankommende Waren zu prüfen, sondern die Waren werden per Pulklesen alle zur gleichen Zeit erfasst. Eine andere Beschleunigung wäre die Durchführung einer Inventur, da nicht jedes Produkt einzeln nachgezählt werden muss, sondern mit Hilfe von RFID-Lesegeräten ein ganzes Sortiment zeitgleich erfasst werden kann. Zudem kann die exakte Position der Waren bestimmt werden. Außerdem kann die Produktqualität im Sinne von Produktfälschung besser gewährt werden. Somit ist es möglich, Originalprodukte mit einem RFID-Tag zu versehen, sodass diese von Fälschungen unterschieden werden können. Des Weiteren ist es möglich die Bezahlvorgänge mittels Selbstzahlungskassen zu beschleunigen, denn die Produkte werden durch das aufgebaute Magnetfeld der Lesegeräte an den Kassen erkannt und der Kunde kann seine Produkte dann z.b. mittels EC-Karte bezahlen. Weitere Vorteile mittels der RFID-Technik sind die automatisierte Lagerhaltung. Werden Lagerregale mit RFID-Lesegeräten ausgestattet, erkennen diese selbstständig wann der Bestand den kritischen Bestand erreicht und können dann selbstständig nachbestellen. Außerdem sind auf einem RFID-Tag nicht nur Lesezugriffe sondern auch Schreibzugriffe möglich, sodass es möglich ist, entsprechende Daten dort zu speichern. Zudem sind RFID-Tags sehr Robust gegen Umwelteinflüsse sowie unterliegen nicht dem hohen Verschleiß eines Barcodes. Daher sind passive Transpondern wartungsunabhängig. [Hu07] [RJ08]

Ein weitere entscheidener Vorteil im Gegensatz zum Barcodesystem ist es, dass RFID-Tags mit Sensoren ausgestattet werden können um so z.b. die Umgebungstemperatur zu messen. Wenn also z.b. ein Container mit Gemüse angeliefert wird, und die Waren nicht im gewünschten Zustand angeliefert werden, kann anhand des RFID-Tags, welches die Umgebungstemperatur im Container gemessen hat, festgehalten werden, wann eine Temperatur Unter-/Überschreitung stattgefunden hat. Somit würde RFID auch Vorteile im Bereich des Schadensersatzanspruches bringen, da anhand des festgehaltenen Datums der Verursacher eindeutig indentifiziert und zur Rechenschaft gezogen werden kann.

# 6    Kosten des Einsatzes eines RFID-Systems

Eine Einführung von RFID in einem Unternehmen bringt nicht nur Kostenvorteile, wie
hohe Einsparungspotentiale sonder diesen stehen auch der sehr hohe Kostenaufwand bei
der Einführung des Systems gegenüber.

| GERÄTEART | KOSTEN |
|---|---|
| Transponder | 0,30 - 35 /Stk. |
| Lesegerät | 50 - 5.000 /Stk. |
| Antennen und Multiplexer | 15 - 300 /Stk. |
| Controller | 500 - 2.000 /Stk. |
| Kabel | 7 /m |

Tabelle 2: Kostenbeispiele

Die genauen Kosten, die ein Unternehmen jedoch für den Einsatz von RFID bei der An-
schaffung berücksichtigen muss, sind nur schwer zu kalkulieren. Wie viele Transponder,
Lesegeräte und wie lang das Kabel in etwa sein muss, lässt sich sehr gut kalkulieren. Kosten die sich jedoch sehr schwer kalkulieren lassen, sind Kosten für die Anpassung von
RFID an das alte System. Diese Anpassungskosten sind nur sehr schwer zu berechnen,
da man nie genau sagen kann, wie teuer die Anpassung der neuen Technologie an dem
alten System ist. Des Weiteren sind die Softwarekosten für Unternehmen zu Unternehmen anders und lassen sich somit nicht generell berechnen. Je nach Branche kommen
unterschiedliche Systeme zum Einsatz die den Ablauf der neu eingesetzten RFID-Technik
steuern. Auch die Instandhaltungskosten sind nur schwer zu erfassen, da das angestrebte
RFID-System noch nicht im Unternehmen ist und somit die Instandhaltungskosten erst im
Laufe der Zeit sich einpendeln und berechenbarer werden. Außerdem fallen noch Perso-
nalschulungskosten an, die auch je nach Branche und Unternehmensgröße unterschiedlich
ausfallen. Es ist auch darauf zu achten, wie stark der RFID-Einfluss in das Unternehmen eingreift und je nachdem muss das Personal auch geschult werden. Tendenziell lässt
sich aber sagen, dass z.B. im Falle eines Handelsunternehmens der Einsatz der RFID-
Technik sinnvoll ist, wenn mehrere Mitglieder der Kette diese Technik ebenfall einsetzen würden. Andernfalls würde man eine sehr innovative und teure Technik im Unternehmen einführen, die einem nur geringe Vorteile bringt, wenn beispielsweise Produkte
die angeliefert werden mit dem Barcode ausgestattet sind, aber das eigene Unternehmen
schon auf RFID umgestellt hat. Deshalb wird aus Kostensicht z.B. bei HWS RFID nur bei
sehr teuren und hochwertigen Produkten eingesetzt, da dort de Preis der Transponder und
der zusätzlich benötigten Hard-/Software gerechtfertigt wird.

# 7  Sicherheit

## 7.1  Sicherheitsrisiken

Das die sehr innovative RFID-Technik auch Sicherheitsrisiken mit sich bringt ist fast schon selbstverständlich. Das größte Risiko der RFID-Technik beinhaltet das unbefügte auslesen bzw. manipulieren der Daten auf dem Tag. Dies kann auch ohne Sichtkontakt geschehen, da je nach verwendeter Hardware die Reichweite bis zu wenigen Metern reichen kann. Ein sehr realitätsnahes Beispiel ist der heutige Reisepass, der auch mit einem RFID-Tag ausgestattet ist und die Daten per Abruf des Lesegerätes an dies sendet. Somit kann auf dem Chip zugegriffen werden ohne das der Besitzer dies merkt. Mit starken Lesegeräten ist somit ein auslesen von einer vielzahl von Tags gleichzeitig möglich. Umgangen werden soll das unbefugte auslesen indem der Reisepass zuvor optisch gelesen werden soll und die Tag erst dann über einen zufälligen erstellten Code mit dem Lesegerät kommunizieren.

## 7.2  Angriffsmethoden

### 7.2.1  Sniffing

Beim sog. Sniffing gibt es zwei verschiedene Möglichkeiten, die jedoch beide darauf beruhen die Daten zwischen dem Tag und Lesegerät abzuhören. Beim ersten Verfahren wird die Kommunikation zwischen dem Lesegerät und dem Tag abgehört. Das zweite Verfahren setzt ein neues Lesegerät ein, welches sich als das eigentliche ausgibt.

### 7.2.2  Spoofing

Das Spoofing baut auf dem Sniffing auf, indem Daten welche abgehört werden nicht nur gelesen sondern auch verändertn werden.

### 7.2.3  Replay-Attacken

Bei Replay-Attacken wird eine zuvor mitgelesene Kommunikation zwischen Lesegerät und Tag mitgeschnitten und später wieder eingespielt, um so vorzutäuschen, dass das eigentliche Lesegerät vorhanden ist.

### 7.2.4  Man-in-the-Middle-Attacken

Dieses Verfahren beruht darauf, dass die Kommunikation wie beim Sniffing abgehört wird. Der Unterschied besteht jedoch dadrin, dass die Daten manipuliert werden und dann erst weitergereicht werden. Die Manipulation wird von beider Seiten jedoch nicht erkannt.

### 7.2.5  Cloning und Emulation

Dieses Verfahren baut auf vorherige Verfahren wie das Sniffing auf, indem die dort gewonnenen Daten aus einem RFID-Transponder in einen neuen nachgebaut werden.

### 7.2.6  Denial of Service

Der Unterschied dieses Verfahrens im Gegensatz zu den oben genannten besteht darin, dass Daten nicht ausgelesen werden, sondern vorhanden RFID-Systeme zerstört werden sollen. Auch hier gibt es verschiedene Vorgehensweisen. Zum einen wird durch vortäuschen eines autorisierten Lese- und Schreibgerätes der RFID-Tag gelöscht oder zerstört. Ebenfalls möglich sind Abschirmungen z.B. durch Metall oder das Benutzen von Blockern, die schon erwähnt dem Lesegerät eine vielzahl von RFID-Tags vortäuscht.

### 7.2.7  Tracking

Beim Tracking werden Personenprofile erzeugt. Dies geschieht dadurch, dass die ID vom Benutzer durch Zuordnung an verschiedenen Lesegeräten erkannt wird und somit Bewegungsprofile vom User erzeugt werden können.

### 7.2.8  Relay-Angriffe

Vorweg zwei Definitionen bei Relay-Angriffen:

- Ghost: Kommunikation mit RFID-Transponder

- Leech: Kommunikation mit dem Lesegerät

Im Grund geht es bei Relay-Angriffen darum, dass die Reichweite von RFID-Tags und Lesegerät erhöht werden und somit eine physikalische existenz von RFID-Tags vorgetäuscht werden kann, die wiedrum weitere Aktionen ausführen können.

### 7.2.9  RFID-Malware

Hierbei wird ein auf das hinter den Tag sowie Lesegerät stehenden System vollzogen. Wenn dieser Angriff gelungen ist, kann ein belieber Quellcode ausgeführt werden oder Datenbankeinträge manipuliert werden.

## 7.3 Lösungsansätze

### 7.3.1 Authentifizierung

Ebenfalls möglich ist es, dass das Lesegerät in einem Netzwerk durch ein Zertifikat sich authentifizieren muss, damit eine Kommunikation mit den Tags ermöglicht wird.

### 7.3.2 Verschlüsselung

Selbstverständlich besteht auch die Möglichkeit der Verschlüsselung, wobei diese durch den hohen Aufwand und zusätzlichen Kosten jedoch meist nicht angewendet werden.

### 7.3.3 Einsetzen von Blocker-Tags

Eine Idee um dieses unbefügte auslesen bzw. verändern zu verhindern sollen sog. RFID-Blockerchips bieten. Das Prinzip dieser Chips ist folgendes: Lesegeräte welche die Tags auslesen wollen, sind nicht in der Lage alle Seriennummern der Tags auf einmal zu erfassen und benutzen deshalb ein sog. Singulation Protocol, wo das Lesegerät die Tags nach und nach adressieren kann. Mit Hilfe des Blockerchips wird eine unendliche Anzahl von RFID-Tags mit Lesegerät vorsimuliert und dieses ist somit nicht mehr in der Lage alle Tags zu addressieren. Nachteile dieser Überlegung ist jedoch, das Europa und die USA verschiedene Protokolle benutzen und das ein Blockerchip in Händen eines Hacker alle im Umkreis befindlichen RFID-Lesegeräte stilllegen würde. Deshalb wird vorgeschlagen mit einzelnen Blockerchips nur eine bestimmte Reihe von RFID-Tags auszuschalten. [HO04/4]

### 7.3.4 Zerstörung der RFID-Tags

Eine weiter Möglichkeit zur Verhinderung des unbefugten lesens von RFID-Tags besteht darin, dass z.b. gekaufte Waren, welche mit RFID-Tags ausgestattet sind, an der Kasse durch ein starkes Magnetfeld zu ziehen um somit den Transpondern zu zerstören. Diese Art der Sicherheit wird ebenfalls bei der Metro Group eingesetzt, wo beispielsweise gekaufte Klamotten an der Kasse in eine Lücke in der Kasse gesteckt werden um die vorhanden Transpondern auszuschalten.

# Literatur

[TG06]   Thiesse, F.; Gross, S. (2006): Integration von RFID in die betriebliche IT- Land-
         schaft; Wirtschaftsinformatik 48 (2006) 3, S. 178-187]

[CL06]   Clasen, M. (2006): Aktueller Stand der RFID-Standardisierung Online:
         http://www.gs1-germany.de/common/daten/epcglobal/files/zeitschriftenaufsaetze/
         stand_rfid_standardisierung.pdf ; Abgerufen am: 15.10.2008

[Gr04]   Grimm, O. (2004): RFID-Technologie - Aufbau, Funktionsweise und tech-
         nische Anwendungen Online: http://www.enduroteam.de/olivergrimm/RFID-
         Technologie_Aufbau_Funktionsweise_und_technische_Anwendungen.pdf ; Abge-
         rufen am 15.10.2008

[RiöN]   RFID im öffentlich Nahverkehr Online: http://www.rfid-ready.de/83-0-rfid-im-
         oeffentlichen-nahverkehr.html ; Abgerufen am 16.10.2008

[Hu07]   Huber, A.(August 2007): BASISWISSEN RFID; Online: http://www.info-
         rfid.de/downloads/basiswissen_rfid.pdf; Abgerufen am 11.10.2008

[MGFS]   Metro Group: Future Store -RFID-Technologie im praktischen Einsatz; Online:
         http://www.rfid-ready.de/338-0-metro-future-store-rfid-live.html ; Abgerufen am
         21.10.2008

[Bo08]   Bonin, Hinrich (2008): RFID - Die Akte antwortet; Online: http://as.uni-
         lueneburg.de/publikation/transponderall.pdf Abgerufen am 15.10.2008

[RJ08]   RFID-Journal; Online: http://www.rfid-journal.de/ ; Abgerufen am 15.10.2008

[JS07]   Schwieren, Joachim (2007): RFID-Grundlagen; Online: http://dbms.uni-
         muenster.de/dbms/media/publications/2007/Microsoft_Word_-_KAP1-
         formated_files/Microsoft_Word_-_KAP1-formated.swf ; Abgerufen am
         16.10.2008

[WP08]   Wikipedia - Die freie Enzyklopädie: RFID Online:
         http://de.wikipedia.org/wiki/Radio_Frequency_Identification ; Abgerufen
         am 15.10.2008

[RB08]   RFID-Basis: RFID-Sicherheit und Angriffsmethoden; Online: http://www.rfid-
         basis.de/rfid-sicherheit.html ; Abgerufen am 15.12.2008

[TC06]   TecChannel: RFID und die Frage der Sicherheit; Online:
         http://www.tecchannel.de/kommunikation/extra/437761/rfid_und_die_frage_nach_der_sicherheit/index5.html
         ; Abgerufen am 15.12.2008

[WOZ06]  WOZ: Gescannt, gefilzt; Online: http://www.woz.ch/artikel/inhalt/2006/nr01/wissen/12767.html
         ; Abgerufen am 15.10.2008

[HO04/1] Heise Online: RFID beim Einkaufen: Danke, Katherine; Online:
         http://www.heise.de/newsticker/RFID-beim-Einkaufen-Danke-Katherine–
         /meldung/44237 Abgerufen am 15.10.2008

[HO04/2] Heise Online: Datenschützer übt massive Kritik an Copyright-Richtline der EU;
         Online: http://www.heise.de/newsticker/Datenschuetzer-uebt-massive-Kritik-an-
         Copyright-Richtlinie-der-EU–/meldung/44075 ; Abgerufen am 15.10.2008

[HO03/3]    Heise Online: Bürgerrechtler warnen vor RFID-Technik; Online: http://www.heise.de/newsticker/Buergerrechtler-warnen-vor-RFID-Technik–/meldung/42227 Abgerufen am 15.10.2008

[HO04/4]    Heise Online: RFID-Störsender für Hacker und Verbraucher; Online: http://www.heise.de/newsticker/RFID-Stoersender-fuer-Hacker-und-Verbraucher–/meldung/45009 ; Abgerufen am 15.12.2008